978-1913-3160-82

AF085892

PARIS
RAVE FLYERS
1991 - 1994

For Antoine Molkhou and the REX Club

RAVE
Trance - Progressive housse - Techno

LES FANTOCHES

présentent

S A M E D I 1 0 A V R I L 9 3
de 23h00 à l'aube

avec
DJ's Zebulon & Guiz-moh

R E S E R V A T I O N S
Alex & Bruno

Tel : 30 52 51 32

P.A.F. 70 Frs

ENJOY

Le 19 Novembre 1994

P S Y

SAVE THE MOUVEMENT...

MANU LE MALIN

HEYOKA

GUIZ OHM

L'AQUARIUM

LIVE ACT : MICRO POINT (Paris)

Underground Party...

A 75 kms de Paris
Porte Maillot autoroute Cergy Pontoise
Passer **Cergy Pontoise, Magny-en-Vexin,
Les Thilliers-en-Vexin,** suivre fléchage.
Navettes : départs 22 h, 22 h 30,
00 h, 1 h porte Maillot.
P.A.F. : 100 F
After : 30 F
FRIENDLY BUT FIRM SECURITY
PARKING GARDÉ

A 40 kms de Rouen
passer Ecouis; sur
la N. 14 suivre
le fléchage.

Info line : 32 55 94 42

3615 F G 9 8 2

TEKNO LINE
36 68 98 20

NO DRUG.

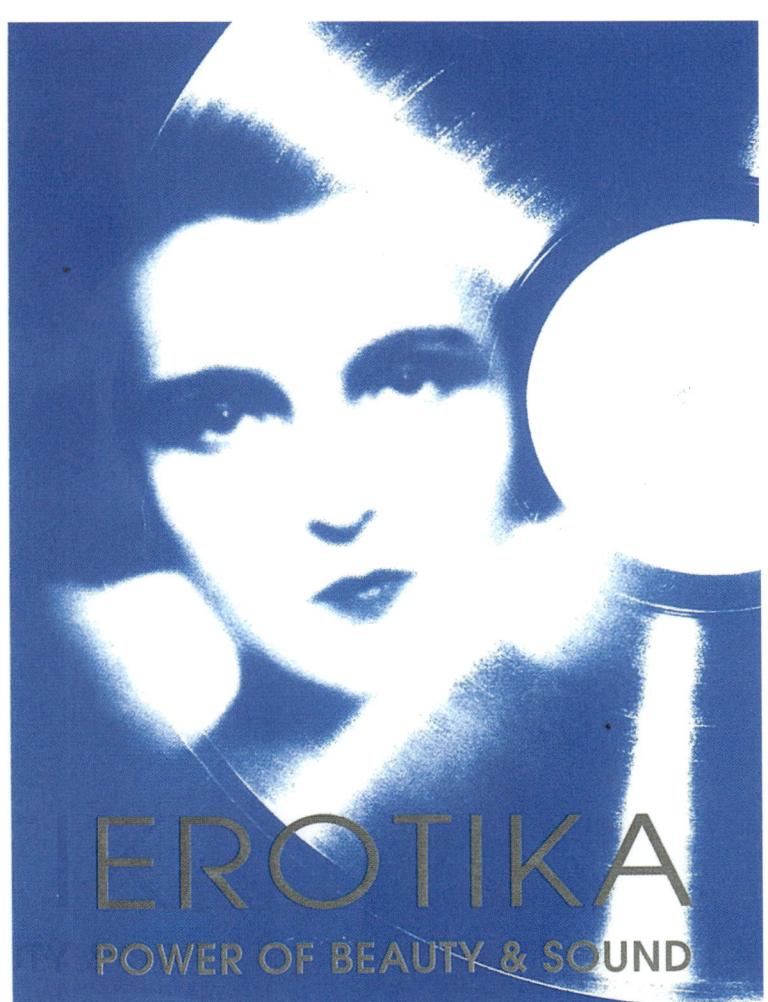

Inauguration

VENDREDI 19 FÉVRIER 1993

23 h 00 jusqu'à ...

EROTIKA

64, Bd de Clichy 18ème
(M° Blanche)

TRANCE & PROGRESSIVE MUSIC

Selected by

PHIL & SONIC

LIVE SHOW & VIDEO
Int. – 21 ans
Cool Space but Firm Security
P.A.F. 70 Frs.

31 OCT 93

DJ ★

DENNIS ★ CHRIS (G.B.H.) ★
FRED ★ NICO (H.K) ★★
TOM BOUTHIER (O.C.B) ★
PETER PANAME (MOUVEMENT) ★
W.N.N (DRAGOON FLY) ★
NUM (R.A.R.) ★ MEMORY (R.AR.) ★

1 OCT 93

A 7 KM DE PARIS.

P⁺ MAILLOT
DIRECTION
LA DEFENSE
SUIVRE NANTERRE
CERGY-PONTOISE
PRENDRE A 86
SORTIE 4B
GENNEVILLIERS PORT
VIRAGE
DANGEREUX
ROND-POINT
FLECHAGE.

DE 28ᴴ A ...

HALLUCINATE
SE RESERVE
LE DROIT D'ADMISSION

INFO LINE : 40.27.05.58   PAF : 70ᶠ

SAMEDI 19 JUIN

TAKE-OFF

SAMEDI 19 JUIN 1993

Navettes gratuites au départ de la Place de la NATION
entre les deux colonnes , dès 22 H 00

DEE JAYS

RALPHY DEE NEW-YORK

JEROME PACMAN

STEPHANOVITCH

MANU LE MALIN

QUARK

+ SPECIAL GUESTS !

Entrée limitée sur présentation du flyer/

private party in an aiport/

infoline : 49-77-01-37 & 3615 FG 982

PAF 100 Fr + 1 conso

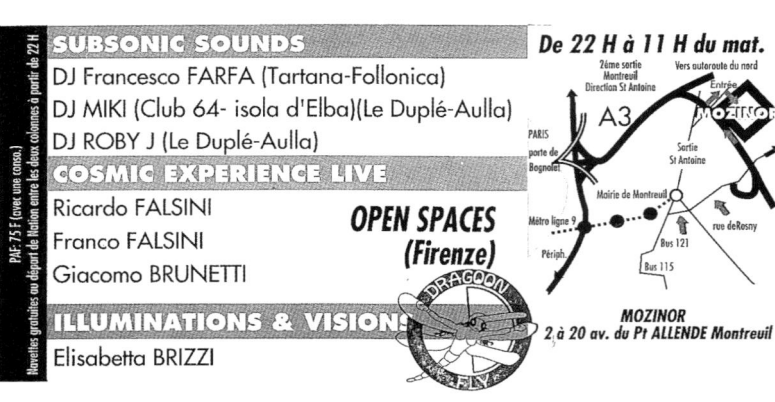

SUBSONIC SOUNDS

DJ Francesco FARFA (Tartana-Follonica)

DJ MIKI (Club 64- isola d'Elba)(Le Duplé-Aulla)

DJ ROBY J (Le Duplé-Aulla)

COSMIC EXPERIENCE LIVE

Ricardo FALSINI

Franco FALSINI

Giacomo BRUNETTI

ILLUMINATIONS & VISIONS

Elisabetta BRIZZI

PAF: 75 F (avec une conso.)
Navettes gratuites au départ de Nation entre les deux colonnes à partir de 22 H

OPEN SPACES
(Firenze)

De 22 H à 11 H du mat.

2ème sortie
Montreuil
Direction St Antoine

Vers autoroute du nord

Entrée

MOZINOR

A3

PARIS
porte de
Bagnolet

Sortie
St Antoine

Mairie de Montreuil

Métro ligne 9

rue deRosny

Bus 121

Périph.

Bus 115

MOZINOR
2 à 20 av. du Pt ALLENDE Montreuil

DRAGOON-FLY présente :

TEMPLE - PARTY - I
"HOUSE - TECHNO - AMBIENT"

Ligths : Vincent, Djé
Massive sound system
No alcool Bar, Food,
Dance-Plateforms
Fruit-Bar

Dragoon-Attractions
Décoration : Chistophe
Atmosphères illuminations
Amicale mais
stricte sécurité

PORTE DE LA VILLETTE

VENDREDI 7 FEVRIER M.IXC.IVXX.XII CARPEDIEM

Top Line DJ's :

David   Per

Guillaume la Tortue   Joey Beltram

23 heures à 9 heures (Max 2000 Happy Peoples).

Découvre une nouvelle manière de faire la fête, pleine de joie, de surprises, de rencontres et de solicitations sensorielles et émotives, viens partager les plaisirs.

PAF :   Prévente : 80Frs (+ 1 conso)   Sur place : 90Frs (+ 1 conso)   Dragoon-Membres : Free

Info-line : Dragoon : 40 26 60 30   Lunatic Party : 99 65 57 75   Hollande : 6 26 07 49

Point de ventes : Resto : Le Trait d'union 160 rue de Verdun 92800 Puteaux 45 06 44 19, Boutique : Dancéteria 13 rue Thouin 75005 Paris 43 26 16 82,
Via Diagonal, 28 rue Saint-Denis 75001 Paris, RENNES : FNAC Centre Colombia 99 31 79 79, Records' Mag 16 rue des Fossés, Le Herry's Pub 12 rue Saint Michel
Hollande for bus Amsterdam Paris : Wild! Shop Kerkstraat 104, 6260749 or 6880368 Tickets en vente seulement avec ce flyers (1+1). Alchimique sélection...?

Rendez vous : Porte de La Villette

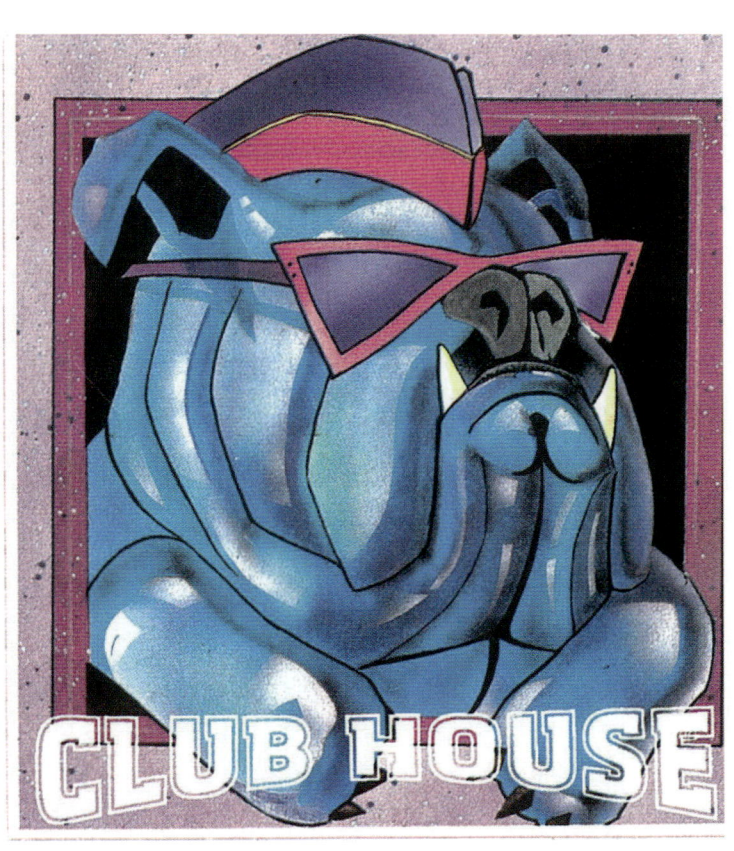

CLUB HOUSE

TOUS LES SAMEDI
A PARTIR DE MINUIT

LE SON LE PLUS NASE DE PARIS...
QUE DU STROBE ET DE LA FUMEE...

CLUB HOUSE : 12, Rue du Colonel OUDOT
75012 PARIS (M° PORTE DOREE)

INFO LINE : 42.89.90.31

DJ YANN (USA IMPORT) PAF : 50 F avec 1 CONSO

le vendredi 25 juin 1993

harmony présente
de 22h00 à 12h00

the house
of lords II

DJs:

daran *(san francisco - usa)*

paul davidson *(los angeles - usa)*

josh wink *(philadelphie - usa)*

100% isis *(amsterdam - pays-bas)*

bertrand *(bpm - paris)*

djul'z *(paris)*

pacman *(tsf - paris)*

sonic *(fg 98.2 / gobb2 - paris)*

2 dance floors : 1 couvert + 1 plein air

visuels & déco : **t & k + moonee** *from gobb2*

infoline : **43 26 91 42**

tennis land - 32 avenue des guillerets - nanterre
rer Ⓐ **nanterre-ville (flèchage garanti)**
navettes gratuites porte maillot

© magic design 93

prévente : BPM, TSF, USA import : **100 FF**
sur place : **130 FF**
(sur présentation du flyer)

Votre plan d'accès
à Tennis'Land

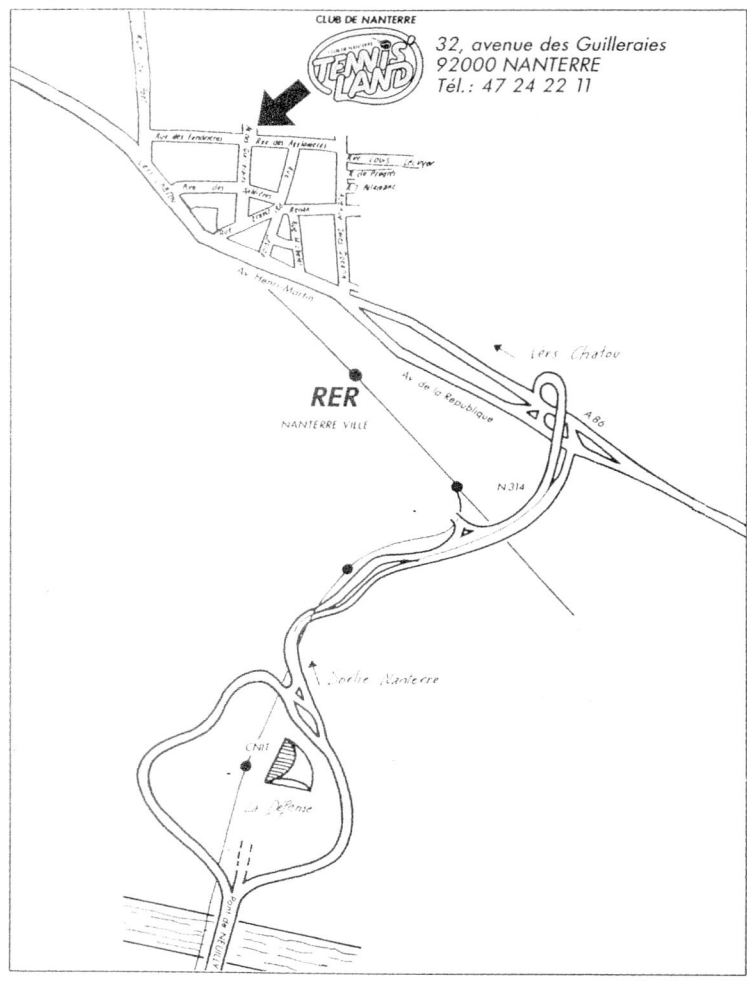

CLUB DE NANTERRE

32, avenue des Guilleraies
92000 NANTERRE
Tél.: 47 24 22 11

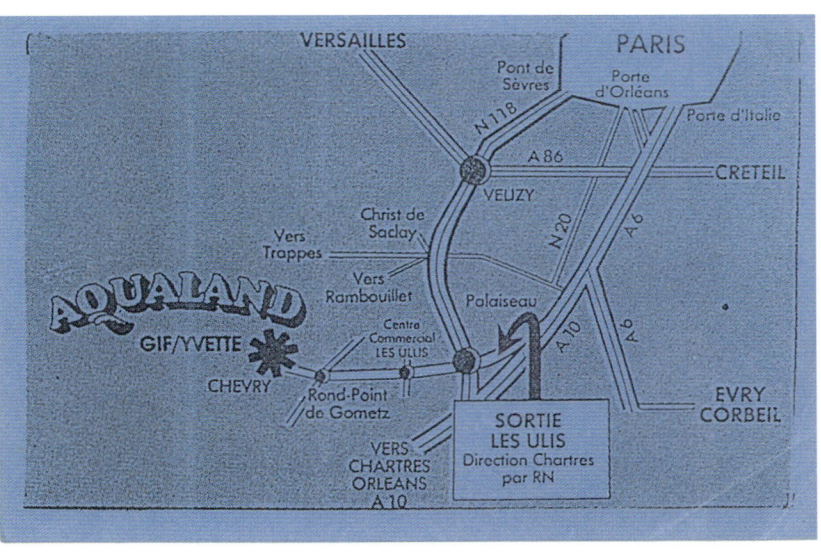

ABSOLUTE HUMIDITY

à 30 km de PARIS (ouverture des portes à 22h00)

Accès par A10 ou N118 (pont de sèvres)
Direction CHARTRES/ORLEANS
SORTIE : "LES ULIS"
puis direction CHARTRES par D35
2ème rond-point (à 5 km) prendre GIF-SUR-YVETTE

EN RER : LIGNE B, ARRET GIF-SUR-YVETTE
NAVETTES GRATUITES (à partir de la gare de GIF)
TOUTES LES 15 MINUTES

ADRESSE :
"AQUALAND", Rond-Point des Prés Mouchards
91190 GIF-SUR-YVETTE

Something for your mind , your body , and your soul.

It's the power to arouse curiosity .
The purpose , the goal which one acts on. A journey of force hot like the sun, and wet like the rain.

Rhythmatic movements in unison with others prolong an act of sensation with no limits or boundaries.

Eternity is past, wrong is right. It's the point of greatest intensity. Pleasures of the highest sense feeling of warmth and security.

Willing and unwilling sensations of mind. A condition.

The ultimate seduction.

THE REALM.

Vendredi 26 Juin

De 23h à L'Aube

"LE SACRE-COEUR"

DJ'S:

JACK
(Aix, Marseille)

DEEP
(Le Rex, Paris)

GRINGO
(Paris)

DIMITRI
(Outland Record, RoXy, Pays-Bas)

DERRICK MAY
(Transmat Record, Rhythms is Rhythms, Détroit USA)

Dancefloor 1200M2, Best Sound System, Déco, Terrasse, Jardin, Fruit-Bar, Chill-Out Rooms, Perfos, Projections, Attractions et Toi.

INFORMATIONS : 40 26 60 30 3615 FG ou 3615 RAVE

UNDERGRAVE®

PAF : 90Frs

295, Avenue du Président Wilson 93200 Saint-Denis

Métro : Ligne 13 (Saint-Denis Basilique) descendre à Porte de Paris et Fléchage. RER B 3 : dernier départ de Châtelet à 00h38, descendre à La Plaine Voyageurs et fléchage; By car Fléchage à partir de la Porte de la Chapelle.

HOUSE SOUND OF PARIS

FREE ENTRANCE from MONDAY to THURSDAY

PENDANT TOUT L'ETE*
DU MARDI AU DIMANCHE
à partir de 23h30 à...

   AU

DJ'S : J&B, PATRICE + GUEST...
ENTRÉE GRATUITE
LA SEMAINE
conso 20 à 50 F

LE WEEK END 50 F avec conso

Info Lines - 40 26 60 30
42 89 90 31

CLUB HOUSE: 12, rue du Colonel Oudot 12
Mº Porte Dorée

* jusqu'au 18 Août 91   *LA PLAGE À PARIS...*

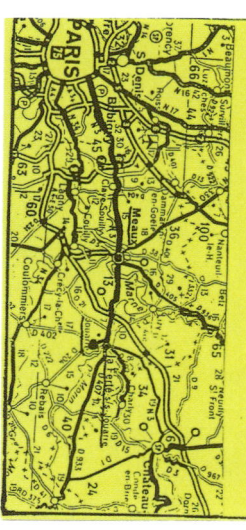

LA JOUARRE(77)

SNCF: Paris-Est
h   Dir. la Ferté s/s Jouarre

RN3   Pte de l'antin  **MEAUX**

A Meaux dir. Châlons s/marne

Arrivée flèchée à l'entrée de

La Ferté s/s J.

P.A.F 50f

KNK

HOUSE OF GOD

VEND 28 FEVRIER

RAVE from Genève AU DELTΔ

Entre Fontainebleau et Montargis
En pleine campagne, à 70 kms de Paris

DELTΔ

Ferme de la mi-voie
Rte de Château/Landon
Souppes/Loing (77)

HOLY SPIRIT DJs

MIRCO MANY (UDM) + JEF
(UNDERGROUND DANCE MOVEMENT GENEVE)

DANCING ANGELS

EUROPEAN GUESTS

SERMEN BY

FATHER CEEJAY (US)

AFTER MASS

BY DJ PHR & Co (CH)

PAF : 80 F
- Ground Floor Sono 10 KW Altec
- Floor Number One 4 KW Deltamax

Navettes gratuites au départ de la place du Châtelet, de 11 h 00 à 2 h 30 réservation vivement conseillée au 40-26-12-83 jusqu'à la veille du départ, jeudi 27 février. Retour navettes du Δelta à la gare de Nemours toutes les demi heures.

Renseignements : 36-15 FG rubrique Agenda House
40 26 12 83 ou le soir même 64 29 39 18

BELGIUM
MENTALTRANCE
WITH COSMOS FACTORY
1 3 M A R S 9 3

DJ'S:
KEVIN (Balmoral-GENT)
STRECKOS (Keops - BELGIQUE)
ARMAND (Paris)
PACMAN (Paris)

M O Z I N O R

**2 A 20 Av du Président Allende 93100
M O N T R E U I L**
Voiture, Porte de Bagnolet Autoroute A3
D e u x i è m e
sortie Montreuil St Antoine (Après suivre
les fléches **MOZINOR**)
Navettes **GRATUITES** au Départ de la
P l a c e d e l a N a t i o n
(entre les deux colonnes à partir de
22h30.) Paf : **100 Frs avec 1 Conso**

Prévente: TSF 18, rue des
Taillandiers 75011

rave line
36 68 31 00
l'agenda des raves

M de 23h à ... OZINOR

ATTENTION : POUR DES RAISONS DE SECURITE DEVENUES EVIDENTES
VOUS NE POURREZ ACCEDER A CETTE PARTY QU'EN AYANT ACHETE VOS PLACES
A TSF: 18, rue des Taillandiers 75011 ou USA Imports: 20, rue des Tournelles 75004. PAF: 100 F

HELL (R&S) Berlin

KOENIE (Wonka Beats) Gent

ARMAND (Gobb 2) Paris

PACMAN (TSF) Paris

2 A 20 AV. DU PRESIDENT ALLENDE 93100 MONTREUIL
VOITURE : **PORTE** DE BAGNOLET **AUTOROUTE** A3
DEUXIEME **SORTIE** MONTREUIL ST ANTOINE
(ET **SUIVRE** LES INDICATIONS MOZINOR) NAVETTES **GRATUITES** AU DEPART DE
LA PLACE DE LA NATION ENTRE LES **2 COLONNES** A PARTIR DE **22H30**

  3615 FG982

LOS PAJAROS DEL PARADISO

"MY BUTTERFLY"

AFTER
dimanche 31 Janvier

LOS PAJAROS DEL PARADISO
"MY BUTTERFLY"

DJ'S :
STEPHANOVITCH,
ARMAND +Guest.

dès 8h du matin...(fin 18h)

14/16 rue Lasson
PARIS 12e
M° PICPUS

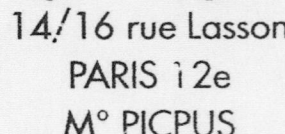
raveline
36 68 31 00

RAVE DU NOUVEL AN AU DELTΔ

Ferme de la mi-voie
Rte de Château/Landon
Souppes/Loing (77)

A6 direction Lyon pendant 50 km
Sortie N7 vers Fontainebleau
à l'Obélisque direction Montargis (N7)
Traverser Nemours
puis à 7 km Souppes
1er feux à droite angle Station Essence direction Château/
Landon
pendant 2 km, traverser chemin de fer, rivière, canal,
puis monter dans la plaine
le Δelta sur votre gauche.

ATTENTION !

**Navettes au départ de la place du Châtelet, toutes
les heures, de 11 h 30 à 3 h 30**

Entre Fontainebleau et Montargis
En pleine campagne, à 70 kms de Paris

RAVE DU NOUVEL AN AU ∆ELTA

Le 31 décembre

à partir de minuit jusqu'à épuisement

AU PROGRAMME

- **DJ LEX Shamen Network (UK)**
- **DJ HARRI Subclub Glasgow (UK)**
- DJ BERTRAND
- DJ GEERT Le Café Courtrai (B)
- DJ JAN V. Fifty Five (B)
- DJ KOENIE Le Café Anvers (B)
- DJ OLIVIER Le Castor
- DJ JEROME Pacman
- DJ PATRICE
- DJ ROMAIN Veb
- DJ STEEVE La Rocca (B)
- DJ YANN USA Import
- DJ YAYO Trance Body Express (GOA)

+ Special Guest

- 2 Chill Out Rooms (New Age - Acid Jazz - Ambient)
- Mezzanine
- Sono 10 KW Altec Lansing
- Parking gratuit 2 000 places

Renseignements : 36-15 FG rubrique Agenda House
le soir même 64 29 39 18

PAF : 80 F

2000 moins 8

NIGHT O.D.C

31 Décembre 1991

à partir de 22H00

LOVE PARTY

Supermarché AS-ECO

Quartier de l'Horloge

Beaubourg

SONO 20 000 W

3 D SOUND   (Sound Base)

Entrée 100 Frs

D.J.'S

Madness (Brooklyn N.Y.C.)
REGGIE (London)
CRIMINEL (London)
Laurent GARNIER (Paris)
David GUETTA (Paris)
BERTRAND et JEROME
SAM.Z
WIZZARD
Pat CASH (soundsystem live)

THANKS TO:

SEGA
UBI SOFT
LIFE SERVICES
VIDEO SYSTEME
AUDIO QUARTET

VIRTUAL REALITY
VIDEO GAMES ARCADE
ENERGETIC DRINKS
ASTRAL TECHNOLOGIES
FRACTAL PROJECTIONS
VIDEO CLIP

Vendredi 12 juin 1992

UNDERGRAVE®

UNDERGRAVE®

UNDERGRAVE®

Vendredi 12 Juin
de 23H00 à L'Aube

"LA SAINT GUY"
"2ème UNDERGRAVE®"
GUESTS:

DJ:JACK
(Aix, Marseille)

DJ:GINO
(Subtopia, Pays-Bas)

undergrave®
DIMITRI
(Outland Record, RoXy, Pays-Bas)

Déco : Fred, Perfos : Tricanon, Projections : Xtavision, Chill Out Rooms, Attractions, et Toi.
INFORMATIONS :40 26 60 30 OU 3615 FG

PAF 80Frs
"WAREHOUSE"
100 Rue Molière 94200 Ivrys/Seine
RER C départ de Saint-Michel, decendre à Ivry, suivre le fléchage; By car :Quai d'Ivry + Fléchage

UNDERGRAVE®

Mercredi 27 Mai 1992
de 23H00 à L'Aube

UNDERGRAVE®

"L'ASCENSION"

"1er UNDERGRAVE®"

GUESTS:

DIMITRI
(Outland-Record, RoXy, Pays-Bas)

UNDERGRAVE®

THE RAVE AGE POSSE
DJ DEE
En Concert

PILLS

UNDERGRAVE®

"WAREHOUSE"
91000 **Ivry S/Seine**
RER C Déscendre à Ivry
Puis Suivre le Fléchage
Sinon, by car:Quai d'Ivry + Fléchage

PAF :
80Frs (1 conso)
Tickets TEMPLE:
Entrée + (2 consos)

UNDERGRAVE®

YA RAÏ DE JANVIER

LOÏK, YVES ET SQUAALY 48 44 42 68

3, RUE DE LIEGE - 75009 PARIS - TEL : 48 74 85 20
IMPRIME PAR : JARACH-LA-RUCHE

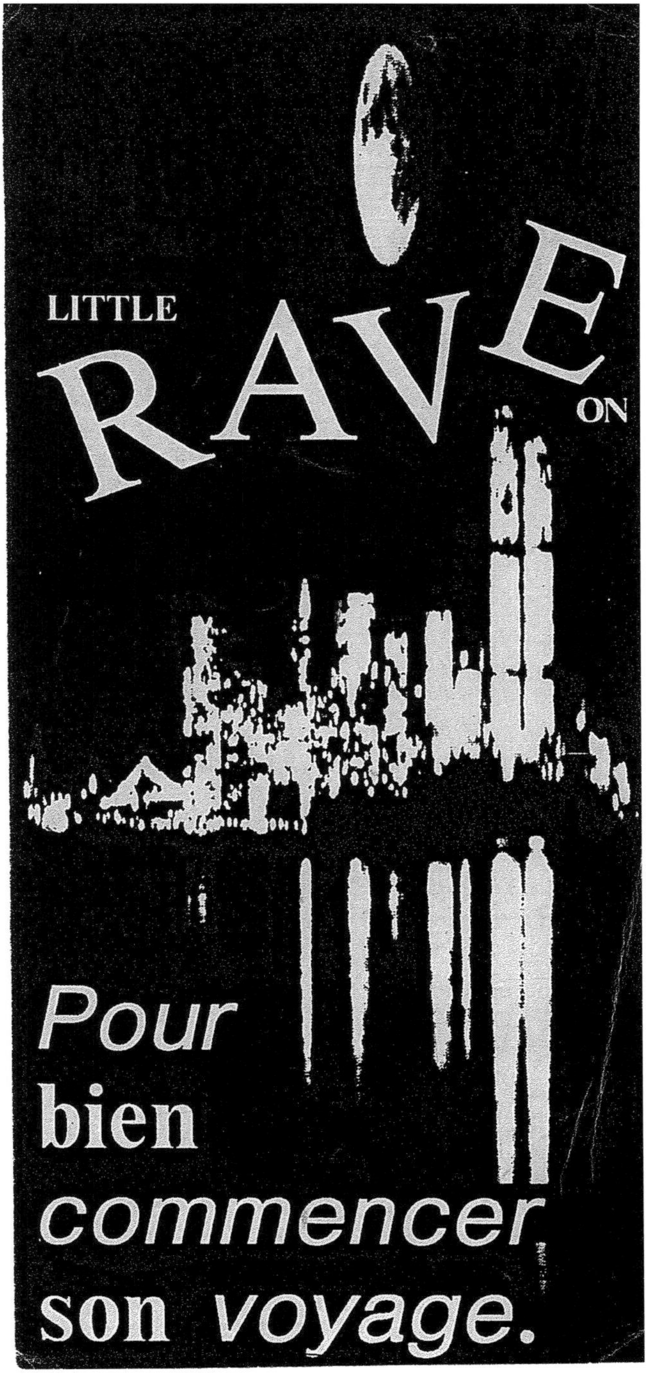
LITTLE
RAVE
ON
Pour
bien
commencer
son voyage.

LE 23 MARS DE 23 H A L'AUBE

P.A.F. 100 Frs CONSOMMATIONS GRATUITES
LA PENICHE

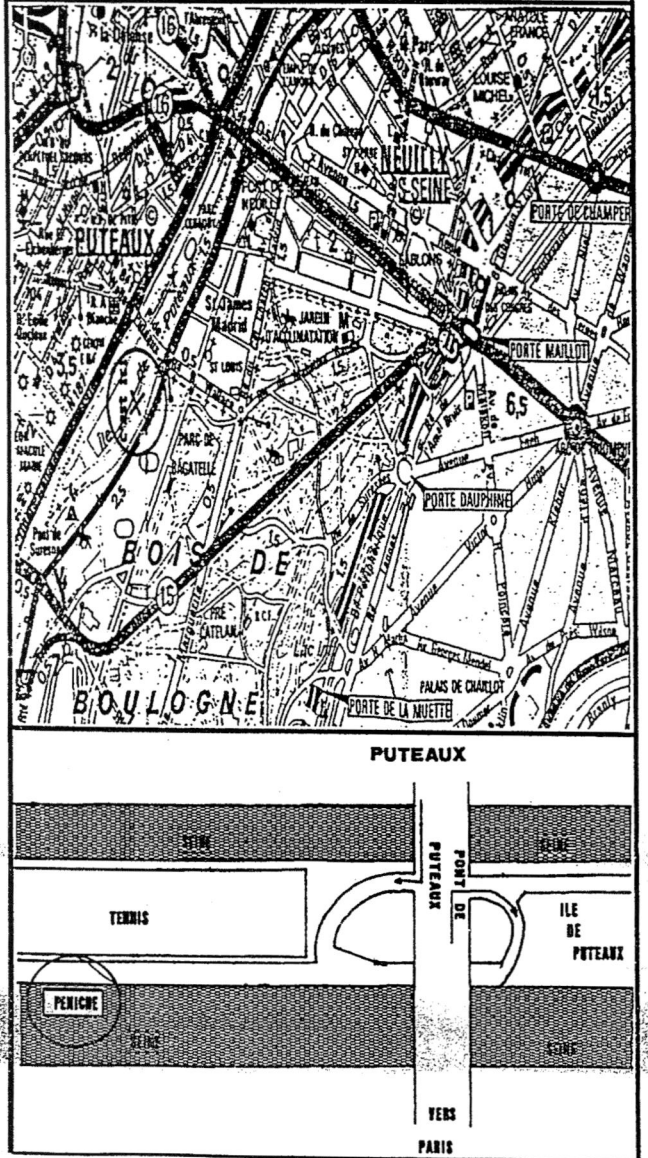

TWO FLOORS

GROOVE IN
FOR YOUR BODY

CHILL OUT
FOR YOUR MIND

DRINK BAR
VISUELS BY O L

LUNCH BAR
VISUELS BY AMFETAMINE

TECHNO
FOR JOKER PEOPLE

JOKE
PARTY

DJ'S
GUILLAUME LA TORTUE-PAC MAN

PLUS VERY SPECIAL GUEST

SAL

PEINTURES DE DEFEO

DIMANCHE 03 MAI
DE 14H00 A 22H00

SALLE CHATELET VICTORIA 19 Av VICTORIA 75001 PARIS
METRO CHATELET-SORTIE PLACE DU CHATELET

3D
PRODUCTION

P.A.F. 50 FRS

COSMOS FAC**T**

P.A.F. 75 Frs (avec une consommation)

DJ: Francesco FARFA__ (L'Imperiale.Tirrenia)
DJ: MIKI (L'Imperiale.Tirrenia)

&

OPEN SPACES (Firenze)

MOZINOR
2 à 20 Avenue du Président Allende
Montreuil

VOITURE	Porte de Bagnolet
	Autoroute A3
	2° sortie Montreuil Saint-Antoine
	(et suivre indications Mozinor)
MÉTRO	Station Mairie de Montreuil
	Bus 121 ou 301
	Arrêt Edouard Branly
NAVETTES GRATUITES	A partir de 23 heures, toutes les 20 minutes au départ de la Nation entre les deux colonnes.

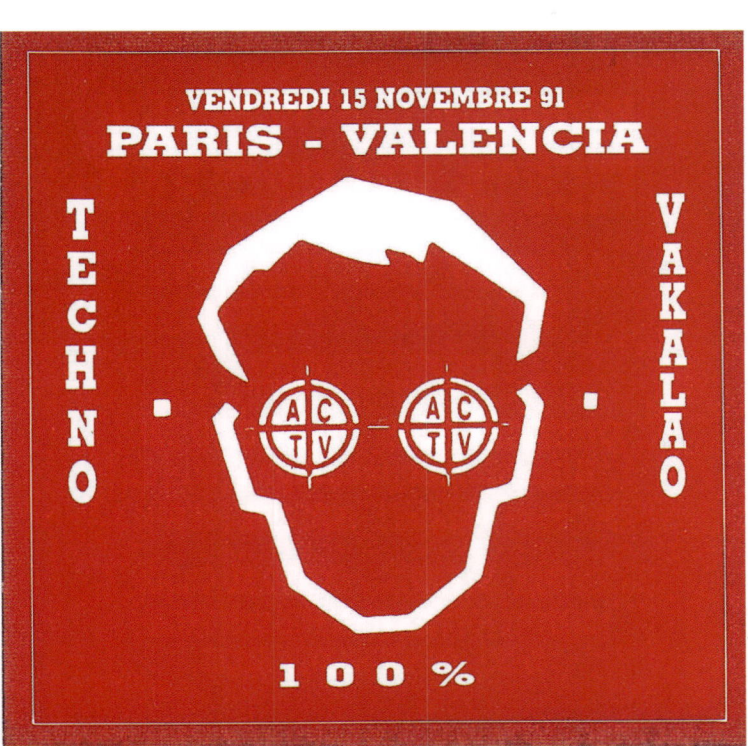

VENDREDI 15 NOVEMBRE 91

FIESTA VALENCIANA

DJ VICENTE (DISCOTECA ACTV)
DJ PATRICE (PARIS)

OUVERTURE 23H00 PRECISE

OREE DU BOIS DE BOULOGNE
1, Allée de Longchamps Paris 16°
(M° Porte Maillot)   INFO LINE : 42 89 90 31

ENTREE 100 F AVEC 2 CONSO AU CHOIX
(GRATUITE POUR LES PERSONNES COSTUMEES)
THEME : DU XVII° AU XVIII° SIECLE

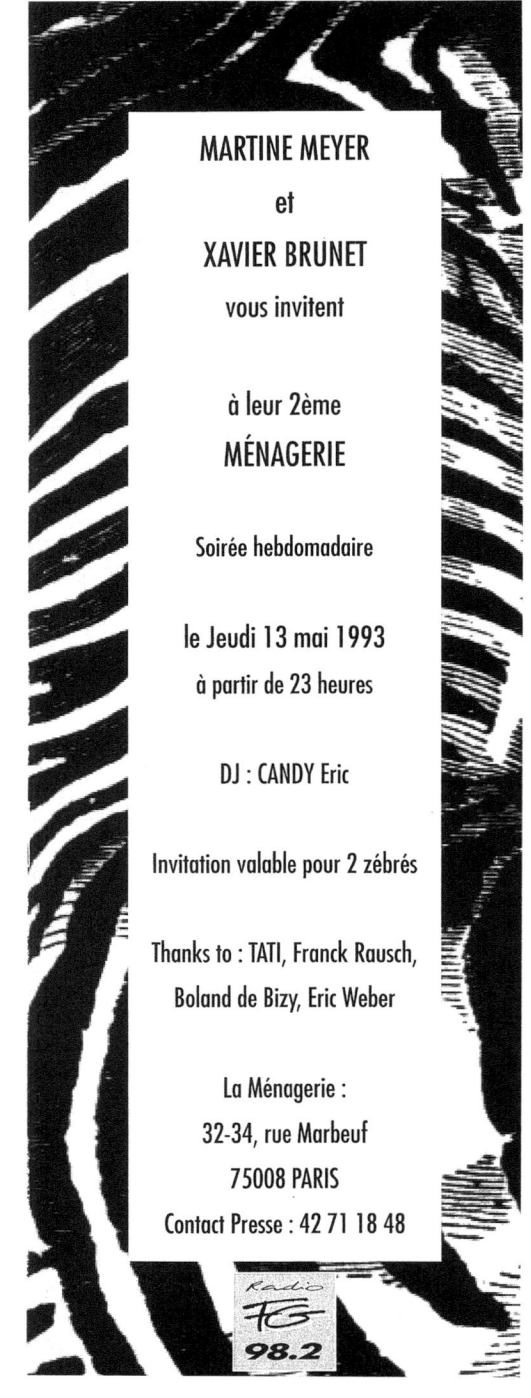

MARTINE MEYER

et

XAVIER BRUNET

vous invitent

à leur 2ème
MÉNAGERIE

Soirée hebdomadaire

le Jeudi 13 mai 1993
à partir de 23 heures

DJ : CANDY Eric

Invitation valable pour 2 zébrés

Thanks to : TATI, Franck Rausch,
Boland de Bizy, Eric Weber

La Ménagerie :
32-34, rue Marbeuf
75008 PARIS
Contact Presse : 42 71 18 48

Radio
FG
98.2

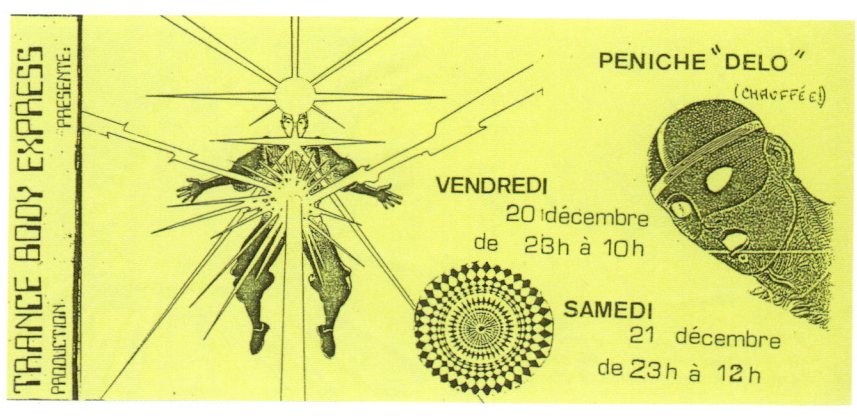

TRANCE BODY EXPRESS
PRODUCTION:
:PRESENTE:

PENICHE "DELO"
(CHAUFFÉE!)

VENDREDI
20 !décembre
de 23h à 10 h

SAMEDI
21 décembre
de 23h à 12 h

TROAWAD & spiritual warrior

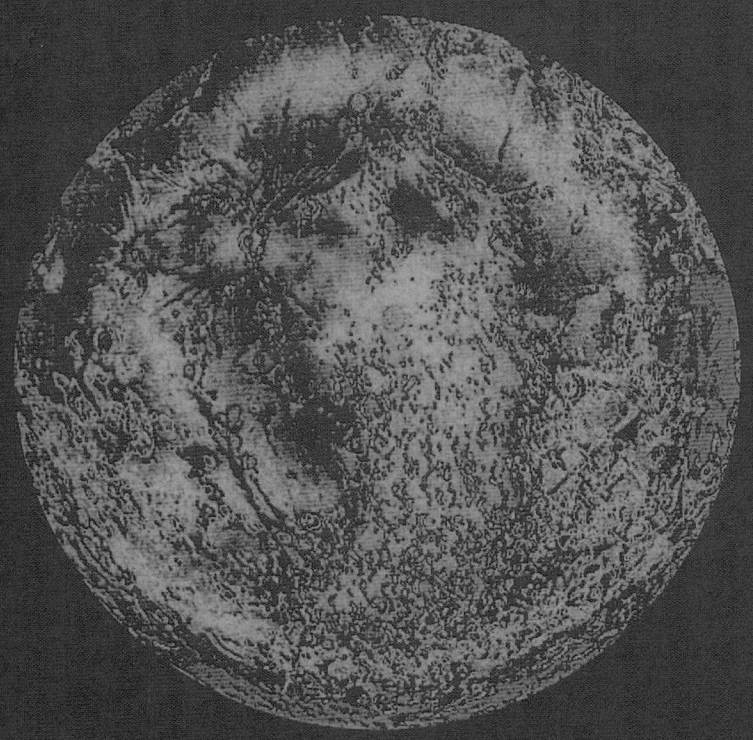

FuLL MooN 2

SATURDAY 3RD JULY 1993

FuLL Moon 2

DJ'S:

LENNY DEE
"INDUSTRIAL STRENGHT" NY

PCP INFERNO BROTHERS
FRANKFURT

JIMMY CRASH
"DIRECT DRIVE" NY

ADAM X
"DIRECT DRIVE" NY

BERTRAND
PARIS

LAURENT HÔ
PARIS

AQUARIUM
PARIS

TECHNO VISUALS & LASERS:
- 60 KW SUB-BASS TECHNO SYSTEM
- MASSIVE MOON CLOUDS
- DANCE PLATFORMS
- COLORFULL LASERS
- VIDEO PROJECTIONS...

OPEN DOORS: 23.00- OPEN END
TICKETS PRICE: ONLY AT THE DOORS -
120FRS (+1 DRINK)
FREE PARKING - 500 PLACES (SURVEILLE)

Watch the Moon for more infdormations
High Energy
No pills necessary music

LIVE ACTS:
(STRICTLY NO DAT)

PCP
"PLANET CORE PRODUCTIONS"
FRANKFURT

303 NATION
"DE 2001" FRANKFURT

HEADSHOP
"DE 2001" FRANKFURT

ATOM HEART
"POD COMMUNICATION"
FRANKFURT

LOREN X
"TRANS' PACT" LYON

ADRESSE: HALL ST MARTIN.
(PONTOISE) SITUE A 30KM DE PARIS
BY CAR: A 15 (DIR. ROUEN) SORTIES 9 OU 10.
NAVETTES GRATUITES DEPART DE LA PORTE
DE CLIGNANCOURT (PREMIER DEPART
22.30, DEPART TOUTES LES 30 MIN.)
RER: A3 - ST. "CERGY PREFECTURE"
TRAIN: GARE ST-LAZARE - ST. "PONTOISE"

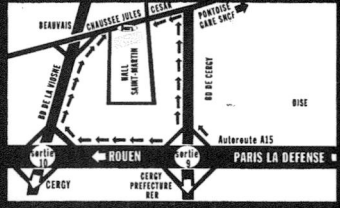

THE
BUTTERFLIES
REVERSE TIME

VENDREDI 2 AVRIL

DJ'S : LIZA'N'ELIAZ
STEPHANDVITED
ETNOKEL
QUARK

GUESTS : MIKI, AZTEK
DJ's spiral tribe

INFO LINE : 49.77.01.37

PAF : 70F   36.15 RAVE

SAMEDI 30 OCTOBRE 1993

DEVIL PRESENTE

THE RAVE
ON A SUBLIMINAL DREAM

WITH DIDIER SINCLAIR FG 98.2 PARIS.
STEFFAN INSIDER BEL.
DJ HENRY HARTHOUSE GER.
MANU LE MALIN B.M.C. PARIS.
STEPHANOVITCH GOBB 2 PARIS.
FRANK,DELIRIUM HARTHOUSE GER.
AND VERY SPECIAL GUESTS.
-IN A BIG HALL 2000 M2-DOLBY SOUND SYSTEM-
-MAXI SCREEN WITH FRACTAL PROJECTIONS -
-SCANS-AND LASER EFFECT-ENERGETIC BAR. etc...
NAVETTES GRATUITES DES 22H30 PORTE MAILLOT.
DOORS OPEN 23 H00.

P.A.F.: 80 Fr
WHERE ?
INFOLINE : *39 21 18 28.*

Vendredi 22 Mai MCMLXXXXII
TEMPLE-PARTY I (bis)
"LA NOUVELLE EXPERIENCE"

DJ's :

Jack (Aix Marseille)   Paul Jay (Wild, Pays-Bas)

Per (Beat-Club, Pays-Bas)   live : Terrace (Djax, Pays-Bas)

Dragoon-Teuf :

Party-Shop, Dance-Platformes, Best Chill-out Room, Fruit-Bar, Décoration : Tricanon, Massive Sound System 25K, Projections, Vidéo Live : Xtavision, Art MoniC, Perfos, No Lazer, No Alcool Bar, No Hardcord, Food, Amicale mais stricte sécurité, + Toi.

PAF : (avec Conso)

Dragoon-Fly : 60 frs.

Prévente : 80 frs.

Sur place : 100 frs.

Préventes du Jeudi 7 Mai au Jeudi 21 Mai :
BPM: 1, Rue Keller 75011 Paris 40 21 02 88.
DANCETERIA: 13, Rue Thouin 75005 Paris 43 26 16 82.
VIA-DIAGONNAL: 28, Rue Pierre Lescot 7501 Paris.
TRAIT-D'UNION: 160, Rue de Verdun 92800 Puteaux 45 06 44 19.
Gagnez Vos places en écoutant F.G 94.4fhz Du L au V de 18h à 19h avec Patrick Rognant.
INFOS: 36-15 F.G Agenda House ou 36-15 Minidoc code Dragoon-Fly.
Tickets et Entrées seulement avec ce Flyers

"WAREHOUSE"
68, Rue Pierre à Saint-Ouen

RER ligne C : Dernier départ 0h15 de Saint Michel, Arrivée 0h43 descendre à Sain-Ouen (Flèche).METRO : Mairie de Clichy + 10mns à pied (Flèche): Noctambus ligne C toute la Nuit Départ du Châtelet toutes les Heures. Retour Idem.
DRAGOON-LINE : 40 26 60 30

Loop da Loop
11 Juin 93

Vendredi 11 juin 1993
de 23 h 00 à ...?

FRANCESCO FARFA
MIKI
PAC MAN

For a very private night !!! Ravers only.

Attention, vous ne pourrez accéder à cette Rave, qu'en ayant acheté votre billet en prévente à TSF (18 Rue des Taillandiers 75011 PARIS) ou sur présentation de ce flyer qui ne sera délivré qu'en main propre.
MOZINOR 2 à 20 Av du Président Allende 93100 MONTREUIL. Voiture, Porte de Bagnolet Autoroute A3
Deuxième sortie Montreuil St Antoine (Suivre les fléches MOZINOR) Navettes GRATUITES
au Départ de la Place de la Nation (entre les deux colonnes à partir de 22h30). Raveline 36 68 31 00. PAF 100 Frs .

E.Q PROMOTIONS - RAVE AGE inc
PRESENTENT

EARTHQUAKE

APRES CONCERT DANCE RAVE PARTY

Lundi 8 et Mardi 9 Avril 1991

A Partir de 23H

LA MAIN JAUNE
Place de la Park Champeret 75017
Paris

DECK TECHNICIANS

DIRECT FROM ENGLAND
DJs A.S.A. AND DJ WOZ
FROM PARIS D.J. "D"

ATTRACTIONS

MEGA 50K SOUND SYSTEM. MULTI COLOURED LAZER
UNIQUE LIGHT SHOW . VISUAL EFFECTS .
BACK DROPS . SMOKE . STROBES PLUS MUCH MORE FOOD
& DRINKS BAR . FREE SURPRISE GIFTS . STRICT SECURITY

Prix d'entree 100ᶠ,00

Reservations
17 Rue du Bourg
- Tibourg 75004 Paris

IMPORT

17 RUE DU BOURG . TIBOURG
75004 . PARIS

CLUB HOUSE
SAMEDI 19 OCTOBRE 91
A partir de Minuit

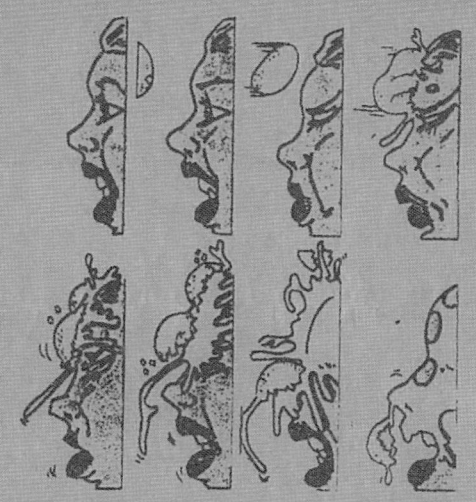

CLUB HOUSE: 12, Rue du Colonel OUDOT
75012 PARIS   (M°PORTE DOREE)

DJ YANN (USA IMPORT)   PAF:50F avec 1 CONSO

LE SON LE PLUS NASE DE PARIS...
QUE DU STROBES ET DE LA FUMEE...

NETWORK ET WARP Records
Présentent "ON STAGE"

NIGHTMARES ON WAX
RYTHMATIC - NEXUS 21 - L.F.O.

plus DJ NEIL MACEY
WEST BAM - DJ EDDY DE CLERCQ
"GO BANG" SLAM JAM
featuring FREDDY B.
DJ LAURENT GARNIER
Visuels: by VJ Mushicrucians Inc.
MEGA Multicouleur LAZER
by LAZER MOUVEMENT

Sonorisation 40 KW by PROCESS CONTROL

150 KW Lighting by COEMAR

SKATERS IN ACTION
PEINTURES ALL NIGHT LONG!!!

P.A.F. 80 Frs

THE RAVE ➡

Parc des Expositions
du Bourget

HALL 7 BIS

AVENUE DU 8 MAI 1945

A1

vers PARIS
Pte. de la
Chapelle

Porte Bourget

rue de l'ABBÉ NIORT

N2

vers PARIS
Pte. de la Villette

Navettes (GRATUITES) entre la Porte de la Chapelle Ⓜ et le Bourget

Alors que la province croule sous les festivals, free ou full moon party, teufs off et autres concerts déjantés, Paris s'engourdit comme une jolie mannequin empêtrée d'étiquettes et de rimmel.

Puisque nos désirs sont désordres...

Voici la 3ème Nuit ABSOLUTELY FABULOUS (ex. Nuit Hell On Fire) ; 13 heures de fête dyonisiaque organisée par 18 Patsy & Edina & 10 reyes de la Noche, à la mémoire du chant des grillons et d'Epicure notre MC !

BABYLON goes burning !...

MAX PASHM Assez proche de Leftfield dans l'inspiration tribale, le percussionniste de Levellers assène une techno-world mariant violons et programmations, samplers et darbouka, chants en grec, en hébreux ou en arabe : première fusion (remarquablement) réussie de racines tribales et du monde digital...
100% FALAFEL TECHNO !

USELESS (sound System) Useless est un groupe à plusieurs déclinaisons possibles : en live, il oscille entre techno:rock et acid:dub, mais le Sound System est résolument techno ! Sans aucun doute la révélation française du genre ; du beat, du son, du groove et de la furie dans les montées de tempos : **l'effet d'une balle de flipper dans les neurones !**

DJ NAWAK est LE DJ qui a mis le feu pendant **7 heures au OFF du Printemps de Bourges...** Ceux qui y étaient doivent obligatoirement s'en rappeler, les autres n'ont plus qu'à le découvrir d'urgence !

DANIEL G. arrive de Toulouse avec un parcours difficilement résummable en quelques lignes... producteur («le concept»), organisateur, DJ, constamment en vadrouille d'un bout à l'autre de la planète, invité de toutes les teufs, Daniel G. est LE traveller DJ :
international & cosmopolite MIX

DJ MARCO (Treponem Pal Crew) Déjà DJ avec Tricepa lors des soirées DUB ACTION (Péniche Makara) ; mix de dub, techno, et reggae roots. Pour la 3ème d'AB:FAB... :
SPÉCHEUL MARCO DISCO MIX !

INVITÉS : Tribal percus from Africa, Belles A Gogo (Batucada), ciné & vidéo live, Barbara & ses Carbonaras (section TTBM Brothers), Vodoo Dance by Yo:Land, décors de Mlle X, Mélo & Monica... et c'est pas fini !

AINSI PARLAIT ZARA ZOUZE TRIBE !!!

PAF 100 FRS
(*) LOURI & GAGARINE PRÉSENTENT..
LUNACY
A FULL MOON PARTY
LE SAMEDI 30 OCT 93
DE 23H00 A' ON (*)
AVEC
REMY
GLOBAL CUTS / ROXY
MONICA
NIGHT TOWN / ROTTERDAM
CLIFF
AMSTERDAM
EL GRINGO
BPM / PARIS
DJUL'Z
NY PARIS
+ GUEST
SOMEWHERE
(*) ATTENTION: A PARTIR DE 8H AFTER AU MEME ENDROIT • VISUELS ZAPDAM •
CINE CHILL OUT BY MAX • BAR GUSTO • MILKSHAKES • PROCHAINES LUNACY 27/11 • 25/12
LUNACY SE RÉSERVE TOUT DROIT D'ADMISSION
INFO LINE 40 27 05 58

SAMEDI 3 MARS de 22h a L'AUBE

FREESTYLE
RAVE

PLUS: DJ PERV (G.B.)
DJ FREDDY B. (N.L.)
+GUEST DJ

GARY CLAIL ON U SOUND SYSTEM

108 rue
D'AUBERVILLERS
PARIS 18ème

SAMEDI 8 DECEMBRE
THE RAVE
LIVE ON STAGE
NIGHTMARES ON WAX
L.F.O.
WARP
NEXUS 21
RYTHMATIC
WEST BAM
DJ NEIL MACE
DJ EDDY DE CLERCQ
DJ LAURENT GARNIER
"GO BANG" SLAM JAM
Featuring DJ FREDDY B
GO BANG!
IN YOUR FACE